JN410303

시, 난중일기

007

경남대표 시인선

시, 난중일기

이상개 시집

1쇄 찍은날 2010년 3월 20일

지은이 이 상 개
펴낸이 오 하 룡
펴낸곳 도서출판 경남

주소 631-430 마산시 서성동 66-18
전화 (055) 245-8818~8819
홈페이지 http://www.gnbook.com
전자메일 gnbook@empal.com
출판등록 제2호(1985. 5. 6.)
편집팀 오태민 | 심경애 | 구도희

ISBN 978-89-7675-617-6-04810
〔값 8,000원〕

이상개 시집

시, 난중일기

도서출판 경남

■ 자서

평소에 내가 존경하는 인물 중 한 분이 바로 충무공 이순신 장군이시다. 자기 한 몸 던져서 나라와 민족을 구한 충무공. 장군의 명성은 이미 천하가 다 아는 사실이다.

이충무공의 ≪난중일기≫를 읽던 중 장군의 인간적인 면에 더 관심을 갖게 되었다. 한편으론 너무나 잘 알려진 공인지라 나로서는 무척 조심스러웠다.

무딘 내 글들이 오히려 장군에게 누를 끼치는 것 같아 송구스럽기 그지없다. 하여튼 시작했던 작업이 2~3년이면 끝날 줄 알았는데, 내 게으른 소치로 어느새 10년을 넘기게 되었다. 너무 오래 지체한 것 같다. 이제 겨우 한 권의 시집으로 엮게 되어 겨우 한숨 돌리게 되었다. 기쁘다.

2010년 3월
송제 이상개

■ 차례

제2부

제3부

부록

제1부

설날

—1592. 1. 1

불기둥이 솟는다 해가 뜬다
남도 바닷가에 와서
두 번째 맞는 설날 아침.

부챗살로 퍼지는 금지金紙 같은 바다
흰 눈을 뒤집어쓴 먼 산봉우리들이
은박銀箔의 박수를 친다.

지금쯤
고향 집 뜨락에 나와서
까치 소리라도 듣고 계실 어머니.

파도를 몰아오는 바람 속에
따로따로 떠 있는
추운 섬 같은 우리.

금빛 햇살에다 목욕을 하고
내 마음 화살에 실어
고향으로 보낸다.

겨울 가랑비

—1592. 1. 11.

겨울답지 않게
다도해 바람은 너무 따뜻해
가랑이가 젖도록
가랑비는 내리고
조수는 소리 없이 왔다가 가면
게란 놈들만 덩실덩실
춤추며 놀고 있는데
바람결에
바람결에 묻어오는
아득한 선소船所의 자귀* 소리.

*자귀 : 나무를 깎아 다듬는 데 쓰이는 연장으로, 나무 줏대의 한쪽에 날을 끼워 만든다.

군기軍紀 · 1
—1592. 1. 16.

설날 넘긴 지도 보름째인데
인사차 들르는 벼슬아치들
귀밝이술에 절인 채 거드름만 피우는구나.
병선을 제대로 수리 않고 묶어 두고
병기들은 손질 않아 녹이 스는데,
한 술 더 떠서
병졸인 주제에 석수랍시고
이웃 집 개새끼에까지 민폐를 끼치는구나.
곤장을 때린다고 마음이 후련하랴
마음은 더욱 허허롭기만 하네.
소금물에 삼 년을 담가 두면
정신 차릴까.

선소船所에서
—1592. 2. 1.

안개비 그치자 햇살 터지고
선창에 쌓인 목재는 하얗게 눈부시다
파도와 파도가 스민 양
나뭇결이 더욱 곱다.
어디서 나타난 피라미 떼들
일사불란한 그 유영遊泳 그 민첩함
공명孔明 선생이 읽어 낸 묘책은 무엇일까.
미늘 없는 낚시로
천하를 건져 올린 강태공姜太公을 보더라도
분명 저 속에 해법이 있을 터인데…….

거북선 건조
—1592. 2. 8.

서둘러라 서둘러라
거북선을 만들자 거북선을.
선체를 만든 지 며칠이나 지나서야
그렇게 애간장 태우던 돛베
겨우 오늘에사 도착했구나.
서두르자 서두르자
돛대엔 돛베 달고
철판으로 방탄복을 입히고
부딪쳐도 깨지지 않을 거북선.
한 척 두 척 건조 되는대로
용머리를 앉히고 대포도 설치하여
해전에 으뜸가는 전함 만들자.
이 나라를 지키는 함대를 만들자.

순 시

—1592. 2. 22.

1

어제는 흥양을 돌아
오늘은 녹도를 돌아본다
기강이 바로 선 땅은
풍치 또한 새롭다
푸른 물결 속에
숨바꼭질하는 섬
무릉도원은 어디 숨어 있을까.

2

대포 소리에 흔들리는 섬
군사들의 환호 소리가 폭죽처럼 퍼지고
활시위처럼 팽팽해지는 수평선
조수를 거슬러
빠르게 달리는 군선들
바람 안은 돛폭에
쌀알 같은 햇살이 쏟아져 눈부시다.

변방을 돌아보며
—1592. 2. 25.

변방의 장졸들에겐
국방이 제일 큰 임무다.
포구 중에서도
가장 허술한 사도에 와서
뇌물을 주고받는 꼴을 보았다.
구린내가 진동하는데
순찰사는 뭘 믿고
제멋대로 표창을 하려드는고
죄상을 밝히자니 기가 막혀라.
헛웃음 웃다 보니 역풍이 불어오고
무기 점검하는 일이 이처럼 고달픈가
내 한 몸 장수 되어 쓰린 하룬데
여기서 또 하루 묵어야 하나.

북봉에 올라
—1592. 2. 27.

북봉에 올라 보니
망망한 바다 속에
가랑잎 같은 섬
파도에 밀려서 이리저리 떠다니는 듯
이웃 섬들이래야
시야에 보일 듯 말 듯 멀기만 하니
아무리 철옹성을 쌓는다 해도
여기는 위태로운 한낱 섬
그러나 첨사여, 눈물겹구나
부디 용기를 잃지 말고
그대의 신념대로 임무에 충실하거라.

승군僧軍에게

—1592. 3. 4.

그대들은 불도에 전념해야 마땅하지만
나라가 없어지고 중생을 잃는다면
불도 또한 온전히 전할 길 없다.
비록 싸움터에 나서서
살생을 할 수 없는 일이지만
성을 쌓고 해자 파는 일
그 또한 호국의 길이거니
중생을 구하는 길 여기 있도다.
깨우침이란
불가에도 진중에도
모두가 얻을 수 있는 만법萬法이로다.

증손전수방략增損戰守方略

—1592. 3. 5.

서애西涯는 내 어릴 적 어깨동무
그의 총명함과 인품은 넓고 따뜻해
정승이 되어 권세가 하늘을 찔러도
하찮은 미관말직의 친구 걱정 하는구나
사리사욕 당략도 아랑곳없이
과감히 천거하여 중책을 떠맡기더니
오늘은 인편에 전술책 한 권 보내왔네
이름하여 증손전수방략
해전, 육전, 화공법을 읽어 가노라니
손오자 병법과는 또 다른 병법이라
참으로 만고에 특이한 전술과 전략
가슴이 탁 트이고 눈이 환히 밝아오네
서애여 고마우이 내 진충보국함세.

거북선 조련
—1592. 4. 12.

지자포 쏘는 소리에
바다가 엎드리고
현자포 터지는 소리에
산천도 숨을 죽였다
후르르 떨던 섬들도
달려와서 함께 뭉치고
산들도 용트림했다.

용두가 거센 불길 뿜으며
거북선은 좌충우돌
민첩한 기동성은
고래도 따르지 못할래라
장부의 흉금을 뉘가 알리
거북선아 거북선아
비로소 내 신념 네게 심는다.

급 보
—1592. 4. 15.

왜선 수백 척
부산포에 몰려왔다는 급보

머리칼이 곤두서고
뼈마디가 딱딱거린다.

한두 척도 아닌 수백 척이라니
간악한 왜놈들 흉계가 없을쏘냐.

비상을 걸고
급보를 올리는 손이 떨린다.

핏빛 노을 진 바다에
벌써부터 피비린내 풍기는 바람이 분다.

뜬눈으로 지새는 밤
달은 어이 밝은고.

떨어지는 성
—1592. 4. 18.

태풍처럼 급습한 왜군들이었던가.
하루 만에 부산진이 무너지고
동래성도 깨지고
양산 울산도 허무하게 빼앗기고……
싸워서 장렬한 전사를 한 이는
과연 몇몇이며 그 누구인지.
싸우기도 전에 도망친 장수는
도대체 어느 나라 녹을 먹었다더냐.
온통 깨지는 소리 하늘을 뒤흔드니
땅을 치고 통분해 한들
믿는 도끼에 발등 찍힌 백성이며 나라님.
높고 높은 벼슬아치
가렴주구 열 올리고 매관매직 일삼더니
제 한 몸 귀한 줄만 임금보다 높아서
삼십육계 줄행랑 흔적 없이 사라지네.
오, 천지신명이여
부디 이 나라를 돌보소서.

입대병

—1592. 4. 19.

그대 젊은이들이여
그대들 어깨에 나라의 운명이 걸려 있다.
위기로다 위기로다
흉포하고 간악한 왜놈들이 몰려와
이 나라 금수강산 마구 짓밟고 있다.
내 나라 내 이웃을 위하여
내 부모 처자식을 위하여
뭉치자 싸우자 이겨야 한다.
내 한 몸 초개같이 던져서
청사에 길이 이름을 빛낼지로다.
이 시대에 태어남을 서러워 말고
이 시대의 고난을 짊어질 사명과
그대들이 흘릴 피와 땀을
부디 자랑스럽게 생각하라.
아무리 성을 높이 쌓고 해자를 파고
무기를 갖춘다 해도
그렇다! 그대들처럼
용기 있는 용사가 있어야 한다.
들끓는 젊음이 있어야 한다.

진해루鎭海樓*

—1592. 5. 1.

본영 앞바다에 군선이 진을 친다
군사들은 모여서
명령만을 기다렸다
흐린 바다 섬들은
떴다 갈앉았다 조바심치고
속이 뒤집힌 바람은 불어와
진해루 기둥을 껴안고 울었다
장졸들의 꽉 다문 입술에선
피가 흘러내렸다.

*진해루 : 전남 여수에 있음.

군사 점검
—1592. 5. 2.

소문만 듣고는 왜적을 피해
남해군수 기효근이 달아났고
미조항 첨사 김승룡이 사라졌다
평산포 만호 김축 또한 줄행랑치고……
아, 역적이 어찌 따로 있으랴
장비와 군량만이라도 온전해야 할 텐데……

진을 치고 장수를 불러 모아서
기꺼이 진군하려는데
모름지기 장수 되어
군법도 모르는 위인이라니
전장을 빠져나갈 궁리만 한다
참으로 가소롭고 한탄스럽다.

군 법

—1592. 5. 3.

이억기는 한달음에 달려오는데
원균은 온다는 전갈만 보내오고 소식도 없다
작전의 차질이 이만저만 아닌데
여도의 수군 황옥천이 도망가다 잡혀 왔다
혼란 속에서도 질서를 잡아야 하고
기강을 바로 세워 뭉쳐야 한다
군졸과 백성을 다스리자면
군법을 시행함이 지름길이 되랴만
시국이 시국인지라
목을 베어 본보기로 삼을 수밖에.

사천 싸움
—1592. 5. 29.

드디어 출전이다
사천으로 사천으로
달리는 함대의 돛폭이 힘차게 펄럭인다
노량 앞바다의 파도가 길을 열어 준다

무릇 첫 싸움이란
전군의 사기에 영향을 주는 법
먼저 기선을 잡아야겠기에
위험을 감수할 수밖에

조선 수군은 안중에도 없다는 듯
사천 선창엔 적들이 우글거렸다
일제히 돌진하며 포화를 퍼부어서
왜선 격침 13척의 전과를 올렸다

패주하는 적군을 바라보며
등짝에 입은 관통상의 아픔도
부글부글 끓는 적개심으로 지워버린다
승리의 기쁨이여 환호하는 산천이여
군사들의 사기가 하늘을 찌른다.

당포 싸움
—1592. 6. 2.

당포 선창에
왜선 스무 척이 진을 치고 있었다
그중에서도 높다란 누각 있는 배
왜장 하나 버티고 서 있었다.

아군 깃발이 하늘을 쓸자
북소리 둥둥 울리고
크고 작은 승자총통 불을 뿜었고
화살을 소나기처럼 퍼부었다.

무수히 쓰러지는 적병들
왜장이 바다 속으로 거꾸로 처박히자
갈팡질팡하다가
풍비박산 흩어진다.

산천초목은 어깨춤 덩실덩실
병사들도 백성들도
목이 터져라 만세 부른다
다도해 섬들도 덩달아 춤을 춘다.

지원군
—1592. 6. 4.

정오의 바다는 더욱 뜨겁다
저 멀리서
돛폭 가득 바람을 안고
이억기의 함대가 춤추며 달려온다
보라! 저기 지원군이 온다
천군만마의 원군을 얻은 듯
용기백배 환호하는 병사들
파도가 가슴속에 풀무질을 하고
섬들이 무자맥질하며
햇살 퉁긴다.

당항포 해전
—1592. 6. 5.

이제 적은 도처에 깔려 있다
사천에서 당포에서 이겼다 해서
승리의 기분으로
취해 있을 때가 아니다
필승의 신념으로 진군하면서
임전무퇴의 확신을 심어야 한다
나아가 싸우는 길엔
초개같이 죽음을 던지되
결코 물러설 수는 없다.

적선 대소중선 33척을
모조리 쳐부수고 수장시킨 후
더욱더 기세가 오른 우리 수군들.

연전연승
—1592. 6. 7.

기와 기의 대결에서
적은 이미 기가 꺾이었다
적선의 수가 아무리 많아도
아군의 기세가
이미 적을 꽉 눌러 버렸다.

맞붙어 싸우기도 전에
아군을 보기만 해도
도망치기 바쁜 적선들
추격하여 격파시키니
어느덧 연전연승
필승의 신념이 파도를 탄다.

하 밝은 달아

—1592. 7. 9.

물속에 바다가 열리고
바다 속에 물이 흐른다.
물결에 밀리는
서늘한 바람에 여름밤이 무르녹고
뼛속까지 젖어드는 달빛은
더욱 창백하게 시려온다.
뱃전에 온갖 시름 물보라치고
하 밝은 달 바라보노라니
물살에 씻겨도 지워지지 않는
어진 백성들의 얼굴 얼굴 얼굴……

유언비어

—1592. 7. 11.

진주성이 함락되었다, 아니다
광양 순천이 결딴났다더라, 아니다
영남 피난민이 왜놈 복장을 하고 분탕질한다, 아니다
왜병들은 도망갔다, 아니다
마을 곳간은 텅텅 비었다, 아니다
인적이 있다, 아니다 없다
인심은 울돌목 조류같이 흉흉하다, 아니다
임금님은 환궁했다, 아니다

조선 팔도를 휩쓰는 유언비어
적군보다 더 무서운 유언비어.

눈부신 함대

—1592. 8. 24.

명주 비단 폭 같은
자정의 달빛은
더욱 차고 맑았다.

섬과 섬들이
서로 어깨를 껴안고
속살거렸다.

노 젓는 소리
물결에 씻겨
은하로 흐르는데

섬들은 이미
우리들의
눈부신 함대였다.

제2부

젖고 또 젖는

—1593. 2. 1.

비가 온다
왼 종일
섬이 젖고 배가 젖고
마음도 젖는다
바다가 젖고
온 나라가 젖는다.

갈매기도 젖어서
더욱 처량한 바다
그리운 얼굴들도
젖고 또 젖어
속으로만 우는 바다
몸부림도 젖는다.

친구를 보내며
—1593. 2. 5.

억수같이 쏟아지던 비도 그치고
진중에 찾아온
친구를 보내며
이별 잔을 든다

이제 싸움이 벌어지면
나는 싸움터로 가야 하지만
그대는 어디론가 피란 갈 테지

만나고 헤어짐은
생사와도 같은가
술 한 잔의 정과
술 한 잔의 쓸쓸함

진중이 유람터는 아니지만
풍류의 멋조차 맛볼 수 없네

그러나 벗이여
내 한 몸 술잔에 있음이 아니라
바다 한가운데 떠 있기 때문이리라

역풍은 불고
—1593. 2. 6.

첫 번째 나팔 소리에
동이 트고

두 번째 나팔 소리에
행군 준비

세 번째 나팔 소리에
돛을 편다

그러나
바람은 역풍

조심스레
사량에 닻을 내린다.

언 약
—1593. 2. 8.

말은 곧 씨앗이다
작은 씨앗 하나가
바로 천근만근의 무게를 키운다는 걸
부디 명심할 일이다.

이억기가 파약했다고 우기지만
두고 보시오
절대로 그럴 위인이 아니오.

정오의 햇살 가득 안고
돛폭을 휘날리며 달려오는
바로 저기 저 배들이
바로 이억기의 함대요.

보시오 저 함선을 보시오
저것이 곧
말의 힘이오.

원균에게
—1593. 3. 2.

마땅히
전쟁에서는 싸워 이기는 것만이
나라 위한 제일 큰 공이다
무릇 장수된 자로서
어찌 패장을 원하랴.

크고 작은 것쯤은
능히 구별할 줄 알 그대가
전공에 눈이 멀어
무고한 동족을 학살하여
적이라 칭한단 말인가.

그대는 모함이라 주장하겠지만
엄연히 현장에서 살아온 자 있으니
어찌 누명을 벗겠는가
어찌 사나이 대장부로
능히 장수라 하겠는가.

비밀이란 없는 법
영원히 존재할 수 없는 것
명심하고 또 명심하길……

취중진담

—1593. 2. 14.

자고로 영웅호걸 중에
그 누가 술을 마다했으며
두주불사 사양했으랴.
코앞에 적을 두고
술주정하는 것이
호기냐 망발이냐.
취중진담이라는데
적의 예봉을 피하자는 핑계로
후퇴란 말 예사로 하다니,
장수로서
어찌 함부로 입에 담는가.

난 리
—1593. 5. 12.

임금은 찬비 속에
몽진 길에 오르고
깨진 궁성
곳곳에 치솟는 불길
장수는 도망치고
병사들은 뿔뿔이 흩어지니
백성들은 아비규환
갈팡질팡하는데
적도들 짓밟는 소리
조총 소리에 모두가 혼비백산
민심은 부글부글.

난리 중의 난리로다
우린들 어찌 총칼이 없으랴만
오늘, 여기
새로 만든 총과 활을 보내노니
동포여 군사들이여
부디 용기를 내어 힘을 합쳐
간악한 왜적을 몰아내길……

새 벽

—1593. 5. 13.

왕통은 어지럽고
백성은 살아 있다

백성들의 근심걱정만 살아서
나라를 붙들고 있다

달빛 가득한 배
시름만 끓어 넘치고

짧은 초여름 밤
파도도 쓰러져 잠이 든다

멀리 닭 울음소리에
문득 떨어지는 눈물 방울.

명나라 장수에게
—1593. 5. 24.

비록 나라가 대란을 당하여
바람 앞의 등불 같다 하나
우리는 이 나라의 백성
단군 이래 평화롭게 살아왔었다.
우리가 이 나라 조선을 지키기 위하여
모두가 발 벗고 용감히 일어섰다
우리 수군이 남해 길목에 버티고
적을 쳐부수고 진군을 막았다
따지고 보면 아무것도 아니다
오로지 구국의 일념으로
뭉쳐서 피땀을 흘린 탓이다.
그대가 조선을 구원코자 온 장수라면
우국충정의 길과 군사들의 사기를
능히 읽어 지원해 주리라 믿소.

병 법
—1593. 6. 10.

마땅히 장수된 자는
병법에 능통하고
천문지리에도 밝아야 할 것이다
그래서 적의 유인계쯤은
간단히 간파할 것이다.

그런데
어쩌자고 정말 어쩌자고
적이 쳐둔 그물 속으로
뛰어들자 하는가.

새벽 썰물을 따라
후퇴하는 적선의 기민함이란
웃음 속의 칼날 같은데,
적의 매복은 불을 보듯 뻔한데
어찌 부나비처럼 뛰어들랴.

공을 욕심내면 패하기 십상이니
최선을 다하여 자기를 지키되

때와 장소를 가려 유리할 때 공격하면
승리는 우리 것 아니겠소
그것이 병법의 이치 아니겠소.

군기를 세워라
—1593. 5. 30.

보급품은
전군에 골고루 나눠야 허고
무장도 다 같이 갖춰야 하는 법.
해전의 필수품은 불화살인데
혼자서 독차지하려고
이 핑계 저 핑계로
둘러대는 장수여!
그대는 진정 무인이란 말인가?

그 나물에 그 밥이라더니
그 장수에 그 졸병들
전선에서 색시까지 끼고 놀다니
군기가 썩을 대로 썩었으니
어찌 필승을 기대할 수 있으랴.

흰 머리카락 뽑으며

—1593. 6. 12.

전선의 비바람쯤
뭐 그리 대단하며
뜬소문 그까짓 것
뭐가 그리 중요한가.

아침저녁 서늘한 기운으로도
울분은 식지 않는데
눈 귀 열어놓고 적정을 살피는 판에
흰 머리칼 하나에 신경을 쓰다니
어찌 대장부의 할 짓이랴만.

몸은 비록 나라에 매었으되
부모님으로부터 물려받은 것
어찌 소홀히 할 수 있으리오
하물며 어머님 아직 살아 계신데
내 어찌 흰머리를 기르겠는가.

총포를 제작하다
—1593. 9. 14.

1

바람 불고 비는 내리는데
나라를 생각하니
마음은 스산하고 천만 갈래로 오락가락한다

장수끼리 싸우던 때는 언제였던가?
병법도 시대에 맞춰 바뀌어야 할 판이니
세상은 참으로 많이 변했나보다

도깨비불인지 귀신의 팔매질인지
왜놈들의 조총은 그렇게도 무서워해서
육전에선 연전연패로 밀리기만 했다지.

2

연구에 연구를 거듭하고
실험에 실험, 또 실험 끝에 조총을 만들고 보니
사람이 만든 하나의 물건일 따름이다

오늘, 그 성능을 시험하는 날
왜놈총보다 더 월등한 제품으로 판정이 났다
이미 묘법을 익혔으니 무엇을 두려워하랴.

견본과 묘법을 각처로 보내면서
우리도 이길 수 있다는 신념과 확신을
우리 모두에게 심는 기쁘고 기쁜 날이었다.

심유경*에게
—1594. 2. 5.

간밤 꿈은 흉몽인지 길몽인지 아리송한데
또 하루가 흘러간다
활을 몇 순 쏴보아도 개운치 않더니
뒤늦게 권율 원수의 편지 받고 알았네.
화친? 화친이라니!
원수놈의 왜놈과 화친이라니

남의 땅 침범하여 쑥밭 만들고
흰옷 입은 백성들 무참히 학살한 왜놈
임금은 몽진하여 변방에 떨고 있고
백성들과 군관과 의병들은 피를 쏟는데
억울하게 죽은 원혼 어찌 달래며
산목숨 고통과 분노 어찌 풀라고

심유경, 그대는 명색이 대국 사람이라면서
조선의 국난을 화친의 제물로 흥정하려 드는가
가도정명假道征明을 잊었는가
이 나라의 참상을 보고서도
간교한 왜놈의 술책을 눈감아 주는가

세 치 혓바닥을 굴리며
그대는 사리사욕만 채우려 드는가

자꾸만 수렁 속으로 빠져들다가
또 무슨 화를 당할지
찜통 같은 더위 속에
속은 왜 이리 타는가.

*심유경沈惟敬 : 중국 명나라의 사신(?~1597). 임진왜란 때 조선에 와 일본과의 화의를 위하여 여러 차례 일본을 왕래하였으나 실패하였다. 이런 사실을 숨기고 화의가 성립되었다고 보고하였다가 정유재란이 일어나자 처형되었다.

강추위 속에

—1594. 1. 20.

햇빛 쨍쨍한 날 부는 바람은 더 매서워
칼바람이 가슴을 마구 찢는다
살이 갈라 터지고 손발이 얼어들고
물보라 뒤집어쓴 채 눈빛만이 살아 있다.
진영을 유린하는 추위는 더욱 무서워
무방비로 올려다보면 하늘은 태연자약 시침 떼고
헐벗은 백성들과 고단한 군사들만 기진맥진
움츠리고 떠는 신음소리 얼음바늘로 찔러댄다.
뱃길도 얼어드는 다도해 섬들도 퍼렇게 멍들고
군량은 언제 도착할지 기약조차 없다.
사면초가 진퇴양난 속에 허기는 더 큰 적이었다
마음은 천근만근 바다 속으로 갈앉는데,
아 오늘밤은 또 어느 마을 어느 곳에서
따뜻한 불빛, 뜨거운 국 한 그릇이 그리워하며
얼마나 많은 모질고 억울한 목숨들이
병들어 죽고 얼어 죽고 굶어 죽는지.

암행어사
—1594. 2. 16.

임금을 대신하여
지방 민정을 시찰하는 암행어사
산천초목도 벌벌 떤다는 암행어사
그 중책의 막중함을 그대는 아는가.

임금을 속이고 백성을 등치고
사리사욕에 눈이 어두워서야
충신과 역적을 어찌 가리며
옥석을 분별치 못하면
어찌 나라의 기강을 바로잡으랴

민심은 천심이다, 어사여
그대여 민심을 바로 읽어라
뇌물과 권력으로도 살 수 없는
천심을 바로 보아라.

충신과 간신
—1594. 2. 16.

악비*와 진회*는 송나라 벼슬아치
적군이 쳐들어오는 걸 본 진회는
항복하여 목숨을 건지자고
충의명장 악비를 제물로 삼았다
이러고서야 어찌 나라가 온전하며
제대로 왕도를 펼 수 있으랴
하물며 위급한 이 나라
암행어사가 와서 척결한다는 일이
임금을 속여서까지 국사를 그르치니
악비와 진회의 고사 여기서 보게 될 줄이야.

*악비 : 중국 남송南宋의 무장(1103~1141). 금나라에 대하여 주전론主戰論를 펴다 재상 진회秦檜의 참소로 옥사하였다.
*진회 : 중국 남송南宋 초기의 정치가(1090~1155). 악비岳飛를 죽이고 주전파主戰派를 탄압하면서 금金과 굴욕적인 화약和約을 맺어 뒤에 간신으로 몰리었다.

금토패문禁討牌文
—1594. 3. 6.

그제는 진해 앞바다에서 적선 8척을
어제는 당항포에서 17척을 쳐부수고
오늘은 21척을 격파하였다.

이제 적은 도망만 다니기에 바빴다
사기충천한 아군은 적군 찾아
동분서주 바쁜 나날이었다.

명나라 도사부 담종인이란 위인이
강화를 한다며 금토패문을 보내왔다.
강화라니, 이 무슨 청천벽력인가

서쪽 하늘이 울분과 분노로 타오른다
뜬눈으로 지새며 나라를 생각하니
살이 떨리며 그저 아득할 뿐.

*금토패문禁討牌文 : 명나라 도사부 담종인이 웅천에 와서 왜적과 강화를 의논한다며, 충무공에게 패문을 보내어 왜적을 치지 말라고 했다.

장 마

—1594. 5. 10.

뒤죽박죽이 되어버린 몇 날 며칠이었다
태풍 불어 세간은 박살이 나고
장대비 퍼부어 물난리를 치른다
내 몸 신열도 다스리기 벅찬 하룬데
새벽 창문을 열고 바다를 바라보았다
군선들은 가랑잎처럼 흔들리고
군사들은 이리 뛰고 저리 뛰고
바다에 깔려 있는 배들 진정시킨다
물안개 속으로 달려오는 튼튼한 믿음
오, 능히 적을 쳐부술 수 있을.

밤 소나기
—1594. 6. 15.

더위와 가뭄이 하늘의 형벌이라면
하늘이어 부디 살피소서
전란의 상처 아물기도 전에
또 어찌 가혹한 형벌 내리십니까
어진 백성들 무슨 죄가 있기에
지열은 풀뿌리를 태우고
바닷물은 끓어 넘칩니까.

하늘이 백성을 버리지 않으셨네
한밤 쏟아지는 소낙비 소리
가슴을 훑고 씻으며 지나간다.

점 괘

—1594. 7. 13.

점을 쳐본다
어찌 점이 인간 만사를
길흉화복으로 매길 수 있으랴만
답답한 마음 풀 길 없어 점을 친다
점괘가 신통한지 어떤지는 접어두고
스스로 위안을 얻고 평정을 얻어
한시름 덜고 싶어서다.
군무를 차질 없이 진행하고 싶어서다.

*이날은 유난히 점괘를 보는 일이 많았다.

밀지密旨

—1594. 9. 3.

새벽에 일어나 밀지를 받아 읽는다.
파르르 떠는 밀지 속엔
내 눈을 찌르는 글귀
'수륙 여러 장수 있건만 팔짱만 끼고 앉아 적을 물리칠 계획도 없다'

지난 3년 크고 작은 파도를 몰고
원수 갚을 일로 동분서주하였건만
밀지는 태풍 같았다
도깨비방망이 같았다.

지피지기知彼知己면
백전백승이라는 병법도 무색하게
바람 앞에 춤추는 저것은
촛불이냐 무당이냐

두 의병장에게
—1594. 10. 4.

칠천량의 새벽이 밝아온다
장엄한 햇살 아래 심장이 뜨거워진다
적군을 깨치는 데는 상하가 따로 없고
합심하여 싸우는 데 귀천이 따로 있으랴.
의병이란 오로지 조국과 민족을 위해
내 가족 내 마을을 지키기 위해
분연히 일어선 순수한 불꽃이거니
곽재우와 김덕령 두 의병장
우리의 만남은 바로 천군만마려니
육지에서 바다에서 합동작전 펼친다.
매복하여 적을 유인하고 협공하니
패주하는 왜적, 환호하는 아군 함성
의군이고 관군이고 모두 내 동포
참으로 통쾌무비, 불꽃의 승리였네.

제3부

소금을 구우며

—1595. 5. 17.

소금은 흔하지만 금보다도 귀한 것
사람이나 짐승이 자라나는데
짠맛이 없으면 생기가 없고
소금이 없으면 기운도 없다.
오늘은 소금을 굽자 소금을
가마솥 내다 걸어라 불을 지펴라
바닷물 가마에 붓고 불을 지펴라.
소금이 반짝반짝 제 몸을 닦고
몸과 몸 어우러져 신령스럽다.
모든 부정은 소금으로 씻어내듯
오늘 가마솥에 굽는 소금의 힘
그 힘으로 힘으로 진군하리라.

인재人才
—1595. 7. 1.

난세亂世가 영웅을 만든다고 하지만
영웅들이 난세를 만든다고도 하지만
안으로는 진회 같은 놈들이 판을 치고
장수라는 게 머릿수로 전공을 세울라치면
나라는 무엇이며 백성은 무엇인고?
인재人才가 인재人災를 부른다는 걸 명심하라
아침이슬 같은 조선의 운명을 보노라면
아아, 가슴 아프다 시리다 분하다 원통하다
안개 자욱한 바다 위에 조바심치노라니
열불이 나고 천불이 나고 피멍이 든다.
숨은 인재 나서고 열혈남아 나서거라
그러나 눈을 닦고 봐도 아직이라니
궁금하다 대신들이여 대답하라 장수들이여.

촉석루에서

—1595. 8. 23.

작년 시월 황홀했던 진주대첩 승전보
진주목사 김시민을 위시한 군관민과
의병대장 곽재우와 백성들이 똘똘 뭉친
조선군 3,800명 대 왜군 20,000명
치열한 공방전을 벌인지 밤낮으로 6일
필사와 진충보국의 각오로 결연히 맞서
마침내 왜군을 패주시켜 공세를 꺾었다.
아, 그 치열하고 비장하고 감격스런 그날
엊그제 같은 그날은 어디 가고 여기
참혹하다 살이 떨린다 가슴 쓰리고 아프다.
계사년 6월 간악한 왜군의 2차 침공
10만의 대군과 맞붙어 항전하였건만
10일 만에 3천 명의 군사와 6만의 백성들
성이 함락되자 최후를 맞았던 이곳
차마 눈뜨고 볼 수 없던 살육과 분탕질.
호국의 영령들이어 고이 잠드시라.

합치고 힘을 모아

—1595. 8. 25.

아침부터
체찰사와 부사와 종사관과 같이 모여
흩어져 있는 섬들과 진鎭들을 점검했다.
적과 접전하던 곳을 둘러보고
지형을 살피면서
종일토록 의논하고 검토하고 살폈다.

곡포를 평산포와, 상주포는 미조항과, 적량은 삼천포와, 소비포는 사량과, 가배량은 당포와, 지세포는 조라포와, 제포는 웅천와, 율포는 옥포와, 안골은 가덕과 합하도록

온종일 떠돌며 살피고 살핀 후 의논하며 결정지었다.
이는 후일을 기약하되 후회 없어야 하고
단번에 힘을 모아 적군을 쳐부수기 위함이다
어찌 수족 같은 내 강토
한 치의 바다도 땅도 내줄 수는 없다.

유자를 따며
—1595. 9. 17.

유자를 딴다
전란의 상처는 깊고 깊어
언제쯤 아물는지
백성의 굶주림은 서릿발이었다
서릿발은 노랗게 차오르며
유자의 육질은 시고 부드러웠다
육적*이 아니라도 품을 법도 하건만
부황 뜬 백성 얼굴로 달랑달랑
유자 향기 가을 햇살 배부른 허기
백성의 굶주림을 딴다
유자를 딴다.

*육적陸績 : 중국의 삼국시대 오의 육적이 원술에게 귤을 대접받았는데 돌아갈 때 옷에서 귤이 떨어졌다. 원술이 까닭을 물으니, 모친을 생각하여 먹지 않고 옷에 품고 있었다고 한 주인공.

벼 타작 콩 타작
—1595. 11. 13.

헐벗고 굶주리며 죽어간
백성들 원혼이 산천에 떠돌았다
산송장 유령 같은 백성들
부모 잃은 이도 자식 잃은 이도
우왕좌왕 전쟁터 배고픈 양민들
고흥 도양장으로 불러 모았다
군량미 대주며 농기구 내주며
농사를 짓게 하고 인정을 부풀렸다
봄 여름 지나 가을이 여물었다
추수한 도양장엔 벼와 콩이 820석
싸우면서 일해 온 보람의 결실
백성들과 장졸들 피땀 어렸네.

청어 7000 두름
—1595. 12. 4.

청어가 7000 두름 들어왔네
한겨울 어부들이 건져낸 청어 떼
풍어로세 풍어로세 대풍이로세
만선의 깃발 흔들며 징을 울리네
달포 전엔 추수한 게 820석 되더니
오늘은 청어가 7000 두름이라네
이 추운 겨울 냉기를 쓸어내며
잘 익은 불씨 같은 청어가 왔네
곡식 사러 다니는 김희방의 배에
셈을 쳐 넘긴 어부들 비린내 풍기며
검게 탄 찌든 얼굴 웃음꽃 피고
군관민 덩실덩실 어깨춤 추네.

퉁소 소리
—1596. 1. 13.

열사흘 달밤은 대낮같이 밝은데
실낱같은 바람 줄기 하나 없다.
나랏일에 머리 어지럽고
진중 일로 가슴 답답한데
달빛에 젖는 군선을 바라보노라니
잠은 천리만리 달아나버린다.
은하의 강물 소리 끌어오는 듯한
신흥수의 애절한 퉁소 소리.
실낱같은 바람줄기 몰고 오는지
고샅길 펴질고 앉은 열사흘 달빛.

메 주

—1596. 1. 19.

잘 익은 콩을 담아 잡티 없애고
하루쯤 물에 불어터진 콩을 삶는다
콩을 삶되 비린내는 구슬려 잠재우고
잘 으깨어 뭉쳐내어 짚으로 묶어
조심조심 메주덩이 모셔 달아라
신선한 바람 쐬되 부정 타면 안된다
메주가 뜨지 않고 썩어버리면
장맛은커녕 일년 농사 헛방이 된다
된장이고 간장이고 장맛은 원기소라
민간 조약처방에도 장이 필수요
백성들도 군영에도 입맛에는 보약이라
그래, 잘 띄운 메주가 나라를 살찌운다.

병선 건조
—1596. 2. 6.

수군에겐 병선은 성채城砦와 같다.
물 위를 떠 있는 성채를 바라보는
병사들의 믿음은 바로 병선에 있다.
떠다니는 성을 바라보는
백성들의 믿음 또한 병선에 있다.
사기충천 떠오르는 아침 햇살 품으로
목수 열 명을 거제도로 보낸다.
서둘러 군선을 만들어 왜적을 쳐부수길
부디, 병사와 백성의 믿음인 성채를 쌓길.

쑥 떡

—1596. 2. 14.

경상수사가 보내온 쑥떡을 보니
백성들의 허기진 뱃속엔
벌써 봄빛이 무르녹고 있나보다.
쑥 뜯어 떡메 치는 순돌 아비
절로절로 흥이라도 났겠다.
임금님도 어쩌지 못하는 춘궁과 맞서
나랏님도 못 당하는 왜적 앞에서
백성과 군사들이 함께 뭉쳤네
집 짓고 농사짓고 적도도 물리치고
삼사중고 이겨내며 견디는 힘
쑥떡 한 조각에도 질기게 스몄다오.

땀을 흘리며

—1596. 3. 14.

꽃바람 스쳐가는 봄날
꽃잎을 털어내며 궂은비가 내린다.
내리는 궂은비는
내 마음을 적시고 진중을 적시고
바다와 산천을 적신다.
이 우중에도 긴급보고는 들어오는데
적선이 여기저기 출몰한단다.
명령을 내려 조치를 취하지만
며칠째 앓는 몸이 떨린다.
열나고 땀 흘리며 괴로움을 참지만
학질인지 악질인지
왜놈처럼 독하구나.
비 오는 날의 봄밤은

침 맞으며
—1596. 4. 19.

몇 날 며칠 내리는 궂은 봄비는
내 몸을 몹시도 헝클어 놓았다.

간악한 왜놈들을 물리치지 못해
축축한 열기는 내장을 뒤흔든다.

몸뚱이 곳곳에 침을 꽂아놓고
뜸이라도 뜨면서 심화를 갈앉힌다.

수길*이 죽었다는 소식 들리지만
진위를 모르니 가슴 답답하여라.

*수길 : 풍신수길.

쌀 비

—1596. 5. 6.

봄에 오는 단비를 쌀비라고 부른다지.
단오를 넘기자마자 비 오네 큰비 오네.
명절 잘 치르고 농사 잘 지으라고
전란에 굶주린 백성 배불리 먹이라고
농사짓는 농민들 소망을 듬뿍 채우라고
하늘도 무심치 않네 이 나라 도우시네.

대마도를 바라보며
—1596. 5. 15.

망산*에 올라 망망한 바다를 바라본다.
섬들은 우리 군선들과 숨바꼭질하고 있고
푸른 바다는 충직한 용사들의 기상 같아
섬과 바다 어울려 평화롭기 그지없어라
가물가물 멀리서 대마도가 손짓한다.
이종무 장군이 정벌했던 조선의 땅이
어쩌다 왜놈들의 소굴이 되어버려
오늘은 이 강토를 왜놈들이 짓밟는구나.
일어서라 동포여 뜻과 마음 뭉치자
뭉쳐서 왜적을 쳐부수고 평화를 찾자
지금 나라는 어지럽고 백성은 고달픈데
나는 언제 대마도 정벌을 나서야 하나?

*망산 : 한산도에 있는 산으로 높이는 294m임.

안 도둑

—1596. 7. 17

바깥 도둑 왜놈 때문에
나라와 백성들
생난리 곤욕을 치르는 판인데
충청도 홍산에선 반란군이 나타나
현감이며 군수를 잡아갔단다.
나라 안 도둑이 장단 맞춰 날뛰니
안 도둑 바깥 도둑 할 것 없이
깡그리 잡아다 도륙 내면 좋으련만
어쩌다 국운이 이토록 쇠망했던가
놀랍다 가슴 아프다
이 일을 어쩔꼬?

쑥대밭

—1596. 윤8. 14.

지나는 고을마다 마을마다
쑥대밭이다
쑥대밭 머리
우짖는 새소리도 피골이 상접하다
백성들 몰골도 눈 뜨고 못보겠다
전선정비도 잠시 멈추고
부역이라도 면제시키자
피로를 풀어주자

옥문을 나서며
—1597. 4. 1.

오늘 나는 풀려나지만
언제 또 잡혀올지 모른다
내 죄상이 무엇인지 모르고
왜 감옥살이해야 하는지도 모른다
모르는 것이 많아 죄인인지
죄지은 줄 모르는 것이 죄인지
남의 말 듣기 좋아하는 자
남의 험과 꼬투리를 잡으려는 자
작당을 한 무리에게 걸렸으니
어찌 성하길 바랄쏘냐
오늘 감옥을 풀려나긴 한다마는
무죄방면도 아니란다.
아직도 내겐 할 일이 남았던가?
투옥된 지 28일 고된 옥살이 끝에
백의종군 아, 또다시 백의종군
어제의 지휘관인 장수가
오늘은 무등병 신세로다
운명은 어깃장을 놓고 얄궂게도 비켜가
목숨만은 건졌으나 내일은 알 수 없다.

어머니 영전에

—1957. 4. 19.

어머니 어머니 어머니
이젠 저는 여기서 하직인사 올립니다
가슴을 찢어도 몸부림을 쳐봐도
울음이 터져 나와 눈앞을 가리고
발걸음은 떨려서 몸 가누기 힘이 드는군요
어머니
천지에 나 같은 운명이 어디 또 있을까요
차라리 일찍 죽느니만 못 할 일이옵니다
며칠 전 선영에 고할 적만 해도
어머니의 건강을 믿고 또 믿었습니다
어머니, 이젠 저는 몸을 추슬러야 합니다
저는 또다시 백의종군 길 떠나야 합니다
어머니 영전에 엎드려 절하는 것도
어쩌면 과분한 일인지도 모르죠
하늘이 내려 보고 계시니
제 운명을 오롯이 맡기렵니다
어머니 어머니 어머니
이젠 저는 눈물을 훔치고 떠나렵니다
어머니 어머니

한산도 소식
—1597. 5. 5.

한산도가 위태롭다
후임통제사 원균이
못된 짓 골라하며
한산도를 뭉갠단다

진중의 장졸들은
근무태만 예사에다
군무이탈 반역질
이 일을 어찌할꼬?

삼도수군 통제영이
바람 앞의 등불이라
이 나라는 어찌 되며
백성들은 누굴 믿나

돈만 있으면
—1597. 5. 21.

돈 있으면 죄 없다는 말
어제오늘 일 아닌 현실 나는 보았네.
죽을 짓도 아닌 걸 중죄로 옭아매고
주리 틀고 닦달하니 견딜 재주 어디 있나
돈에다 재물에다 심지어는 계집종까지
물건이 많고 적음에 따라
죄질이 달라지고 방면도 예사로다
돈만 있으면 죽은 영혼도 찾아온다고?

불길한 하루
—1597. 7. 16.

서생포에서 온 세남이,
알몸으로 살아 돌아온 세남이
영암 뉘 집 종이었던 세남이
어쩌다 이 꼴이 되었던고?

왜놈의 유인에 걸려 좇다가
격랑에 휘말린 배는 가랑잎
서생포 앞바다까지 떠내려갔다
겨우 붙은 목숨 상륙도 하기 전에
매복한 왜놈들에게 도륙을 당하였단다.

간신히 목숨 건진 세남의 증언대로
천여 척 건너온 왜선은 어디 숨었나?
우리 수군은 이미 깨졌단 말인가?
우리의 희망이던 수군은 어찌 됐을까?
원통하고 분하고 억울하구나.

패전 소식
—1597. 7. 18

오, 이 무슨 청천벽력이냐!
수군이, 우리 수군이 대패했다니
통제사 원균, 전라우수사 이억기, 충청수사 최호 등
장수와 병사들이 떼죽음을 당했다니
피땀 흘려 쌓은 수군 한꺼번에 무너지다니
꿈이냐 생시냐 차마 믿지 못하겠다

원수는 대책을 세우지도 못하고
비장한 좌중은 깊은 시름에 빠져 침묵 일관.
직접 연해안을 돌아보고 난 후 결정하겠다고
원수의 승락을 받았다
일순간에 좌중은 생기 돌고 사기충천하지만
하늘이여 부디 이 나라를 돌보소서.

후일담

—1597. 7. 21.

가을걷이 한창인 곤양을 뒤로하고
오후에사 노량에 이르렀다
패전한 사람은 패전한 사람대로
수성한 사람은 수성한 사람대로
우리는 모두가 조선의 백성들이다
얼마나 많은 장졸이 수중고혼이 되었으며
얼마나 많은 장졸이 떠도는 원혼이 됐으랴
통곡, 통곡하며 울부짖는 군사와 백성
패전의 책임은 대장이 져야 하겠지만
아, 아 이 일을 어찌하나 이를 어쩌나
모두가 이구동성 비통하게 내뱉은 말

"대장이 적을 보자 먼저 달아나 이 꼴 되었다."

다시 삼도수군통제사
—1597. 8. 3.

다시 삼도수군통제사에 임명되었다
백의종군한 지 얼마나 됐다고
열두 척의 함선으로 바다를 지켜야 할
조선의 삼도수군통제사가 되었다
왜선은 수천 척이라는데
어쨌거나 빨리 임지에 도착해야 한다
밤낮을 쉬지 않고 달려야 한다
험한 돌자갈길 달리며 냇물 겨우 건너뛰며
강정, 쌍계동, 석주관 뒤로하고
구례현에 이르니 쓸쓸하기 짝이 없다
피란 간 백성들은 돌아오지도 않는데
군사들은 채 정비도 안됐다
적을 토벌해야 한다, 어떻게 해야 하나?
올감을 따 왔으나 목을 넘어가질 않는다

헛소문

—1597. 8. 25.

헛소문은 허깨비 같은 것이다
정신만 차리면 달려들지 못한다
난리가 나면 악질들이 판을 친다
헛소문을 퍼뜨려 민중을 선동하고
백성들을 현혹하는 무리들은 있기 마련이다
(꼼짝 마라!)
소를 훔치려고
헛소문을 퍼뜨린 어부
목을 벨 수밖에 없는 이 고충이여
비로소 민심이 갈앉고 안정이 된다.

명량해전

—1597. 9. 16.

적선 330척이 13척 우리 함선을 포위하자
아군 장수까지 그 위세에 주춤거렸다
하지만 우리 군선들이 일제히 쏘아대는
지자포 현자포 등 우레 같은 총통 소리
군사들은 배 위에서 빗발치듯이 쏘아댔다
그러나 몇 겹으로 포위된 아군은 위기일발
나는 침착하게 타일렀다
"… 일체 마음을 동요치 말고 힘을 다하여 적선을 쏴라"
돌아보니 장수들은 아직도 멀리 있다
호각을 불고 초요기를 흔들자
거제현령 안위의 배가 먼저 왔다.
"안위야, 군법에 죽고 싶냐. 도망간다고 어디 가서 살 것 같냐"
안위가 황급히 적선 속으로 돌진했다.
다시 김응함을 불러 타일렀다
"중군장으로서 대장을 구하지 않으니,…
당장 처형할 것이로되 … 우선 공부터 세워라"
적장 마시다의 목을 내걸자 적군 기세가 크게 꺾

인다

한 치의 빈틈을 열고 일제히 돌진하는 아군들
적선 격침 31척, 풍비박산되어 적은 도망치고
승리의 함성이 바다와 산을 뒤흔들었다.

아들의 전사
—1597. 10. 14.

간밤 꿈이 길한지 흉한지
고향에서 가져온 편지 겉봉 얼핏
'통곡慟哭' 이란 두 글자
(아, 면葂이 전사했구나!)
유성 같은 불칼이 등줄기를 긋자
먼저 살과 뼈가 떨렸다
간담이 타고 살갗을 찢는다
넋이 빠진 통곡 소리 구천에 사무쳤나
천지가 어둡고 태양은 빛을 잃었다
아들아 아들아 너는 듣느냐
절통한 이 아비의 목소리가 들리느냐
내가 죽고 네가 사는 것이 올바른 이치거늘
끝내 하늘은 나를 저버리는 것이냐
네 영특한 기상이 너무나 뛰어나
누가 시기한 것이냐
내가 죄를 지어 네게 화가 미쳤느냐
살아도 살아 있어도
마음은 죽고 형용만 남았구나
아들아 내 아들 면아!

부록

■ 이순신 장군이 치른 23개 해전

—굵게 쓴 해전은 8대 해전임

1. **옥포해전**
2. 합포해전
3. 적진포해전
4. 사천해전
5. 당포해전
6. **당항포해전**
7. 율포해전
8. **한산도해전**
9. 안골포해전
10. 장림포해전
11. 화준구미해전
12. 다대포해전
13. 서평포해전
14. 절영도해전
15. 초량목해전
16. **부산포해전**
17. **웅포해전**(2차 웅포해전도 있음)
18. **2차 당항포해전**
19. 장문포해전(영등포해전 포함)
20. **명량해전**
21. 절이도해전
22. 예교해전(장도해전)
23. **노량해전**